AF470162

Dᴿ G. DANJOU

(DE NICE)

L'Éducation physique de la Femme

> Les femmes fortes font la race forte.   Dʳ Ph. Tɪssɪᴇ́.
>
> Avec la faiblesse des mères commence celle des hommes.   Hᴀʜɴᴇᴍᴀɴ.
>
> La culture physique de la femme est le chapitre premier et essentiel de toute régénération.   Nelly Rᴏᴜssᴇʟ.

présenté au Congrès International de l'Éducation physique

Paris, 17–20 Mars 1913

Prix : 1 franc

L'ÉDUCATION PHYSIQUE DE LA FEMME[1]

I. — Croisement et développement de la race.

> Le grand devoir national consiste
> à surveiller le croisement et le dé-
> veloppement de la race.
> BIRELL.
>
> Aucun progrès social sérieux et
> durable n'est possible si la femme
> n'y participe pour y aider et en bé-
> néficier.
> Dr Ch. LETOURNEAU : La condition
> de la femme dans les diverses races.

Après avoir été trop longtemps négligée dans le passé, la question de l'éducation physique de la femme préoccupe aujourd'hui nombre d'esprits soucieux de l'avenir et de la prospérité de leur nation. Une hérédité morbide très chargée pèse lourdement sur les sociétés contemporaines au point de les arrêter parfois dans leur marche au progrès. Pour quelques-unes même, le coefficient de stérilité s'élève en même temps que s'élève aussi le coefficient de mortalité. Il est temps d'agir : et pour enrayer le mal qui chaque jour fait tant de victimes, ce n'est vraiment pas trop de demander à la femme une active et intelligente collaboration; elle ne saurait d'ailleurs la refuser sans se condamner elle-même au suicide. Et nous voici dans l'obligation maintenant de revenir à l'antique conception que s'était faite Lycurgue de l'éducation de la femme en vue de créer une race intrépide et vigoureuse pour le salut et la grandeur de la patrie.

---

(1) Rapport présenté au Congrès International de l'Education physique. Paris, 17-20 mars 1913.

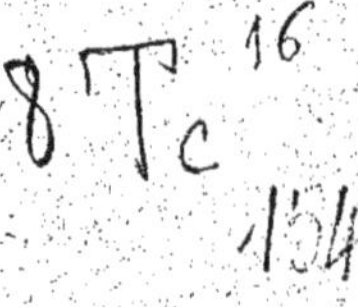

Ayant compris que les fils héritent de la constitution physique et mentale de leurs mères et que par conséquent les premiers comme les secondes doivent être formés sur le même modèle, Lycurgue décréta que filles et garçons seraient exercés à la gymnastique et à la musique et que leur assimilation pour l'éducation serait complète. Nous ne demandons pas moins pour la femme d'aujourd'hui. Elle peut prendre comme exemple les femmes de Sparte; toute la Grèce les admirait pour l'énergie de leur caractère comme aussi pour la régularité de leurs traits, l'harmonie des lignes du corps, leur beauté plastique.

« L'humanité s'en va par le cerveau, elle peut être sauvée par le muscle, mais il est temps d'agir.», s'écriait le Docteur Fonssagrive il y a cinquante ans, devant les ravages d'un surmenage scolaire sans limites et d'une sédentarité déprimante.

L'Académie de médecine (France) en 1887 signala le même danger et formula des vœux en conséquence. Pour répondre à ces vœux, le Dr Ph. Tissié (de Pau) créa en 1887 la Ligue Girondine de l'éducation physique, aujourd'hui Ligue française de l'éducation physique, qui a eu l'heureuse idée d'organiser ce Congrès et de poser nettement la question de l'Education physique de la femme.

Nous devons donc actionner le muscle; mais, faut-il encore régler, comme il convient, l'activité de ce muscle pour qu'à son tour il n'épuise et n'use prématurément le reste de la machine par une dépense exagérée de l'influx nerveux et une désorganisation consécutive de sa structure. Le spectacle attristant des nombreuses victimes que font chaque jour les sports et l'athlétisme trop souvent pratiqués sans discernement ni mesure par ceux-là même qui en usent au titre de l'Education physique, de l'hygiène ou de la thérapeutique, doit éveiller notre attention sur la nécessité de régler la dépense d'énergie de chacun conformément à ses possibilités neuro-musculaires que commande sa puissance de vitalité.

Nous sommes soumis aux lois générales de la physique du monde, et notre organisme, quoique d'essence spéciale par sa nature biologique, ne peut utilement travailler au mieux des intérêts de l'individu et de la société, qu'en se conformant au principe économique qui règle le fonctionnement de toute usine transformatrice de matière et d'énergie: maximum de rendement, avec minimum de dépense et d'usure.

C'est la condition, sine qua non, de la puissance, de la quantité et de la qualité du rendement utile dont la valeur établit la valeur biologique de l'individu; celle-ci est fonction de deux facteurs essentiels: une statique morphologiquement harmonieuse et une dynamique puissante et équilibrée (1), qualités que les générateurs ont le devoir de transmettre à l'enfant qu'ils appellent à la vie, mais qu'ils ne peuvent lui donner s'ils ne les possèdent eux-mêmes.

Ce point de vue qui est admis comme indiscutable par les éleveurs dans les écuries, les basses-cours, etc., ne semble pas avoir été jusqu'ici l'objet principal des préoccupations du couple humain dans les nations civilisées. C'est cependant « *la question préalable* ». Les effets et les résultats de l'éducation physique varient suivant la solution donnée à cette question.

Devant cette horde sans cesse croissante de dégénérés (anormaux et arriérés) contre lesquels échouera toujours plus ou moins la meilleure éducation physique, si parfaite en soit la méthode, si compétents et si dévoués en soient les maîtres, il ne semble pas inutile de montrer à la femme où est son devoir, où sont ses intérêts. La procréation, si elle ne peut être raisonnablement consentie par elle qu'avec un partenaire irréprochable, doit être de sa part, en outre, consciente et opportune; cet acte important ne peut plus être le fait du hasard imprévu ou d'une surprise désagréable, pas plus qu'il ne doit dépendre d'une sensualité maladive ou d'une sentimentalité irréfléchie (2).

Déjà en 1905 Madame Lydie Martial a demandé aux Ministres de la Guerre et de l'Instruction publique de France qu'un enseignement de la paternité soit organisé à la caserne et dans les écoles de l'Etat. Avec la puériculture qui s'est timidement introduite dans quelques écoles de filles (3), l'enseignement de la maternité s'est affirmé comme nécessaire. Mais, fait significatif des temps nouveaux, le visiteur de l'exposition annexée au Congrès International d'hygiène et de démographie tenu à Washington en Septembre dernier pouvait parfois surprendre quelque jeune « girl » lire attentivement de grands tableaux destinés à l'éducation sexuelle ou regarder curieusement les effets des maladies vénériennes sur le corps humain.

Le Directeur de l'enseignement avait en outre autorisé les élèves des écoles (filles et garçons) dont les parents y avaient consenti à assister aux conférences relatives à l'initiation sexuelle (Méthode Eléonora Folkmar notamment).

---

(1) Note sur la cinétique par le Dr Danjon (de Nice) *in l'Arbre de vie*, par Viaud Bruant (de Poitiers).

(2) *Les bases de l'Éducation morale* par le Dr Danjou (de Nice) au 2ᵉ Congrès International d'Éducation morale (La Haye Août 1912) et *Rapport sur l'Éducation militaire du peuple*.

(3) Rappelons la campagne menée depuis longtemps par le Prof. Pinard (de Paris) pour développer l'enseignement de la puériculture.

A noter l'empressement spontané avec lequel les femmes ont collaboré aux travaux du premier Congrès Eugénique de Londres 1912, chargé d'étudier les meilleures conditions de la reproduction humaine. Le Secrétaire général du Congrès était une femme, Mme Gotto.

Le Congrès d'éducation physique d'Amiens — Octobre 1912 — qui a fait si bonne besogne a, toutefois, comme les précédents méconnu la question préalable de la valeur biologique des générateurs nécessaire et suffisante pour obtenir un enfant sain, viable, susceptible de bénéficier au maximum des effets de l'éducation physique.

L'éducation physique, dit-il, doit commencer dès la naissance; nous répétons: les générateurs doivent être au préalable en parfait état de procréation, connaitre et avoir reçu cette éducation physique pour pouvoir en faire bénéficier leurs enfants.

Par contre, rompant avec la routine des précédents Congrès, il est allé au-delà du mouvement éducatif qui, à lui seul, ne peut faire toute la besogne de redressement, de réparation, d'équilibre, d'harmonie et de vitalisation; et il a reconnu la nécessité, pour normaliser la nutrition toujours plus ou moins défectueuse chez les enfants, filles surtout, de faire intervenir l'action si puissante des Agents atmosphériques (air, lumière, etc., etc.)

Il n'a pas insisté outre mesure, et je précise: le bain d'air et de lumière solaire, à la condition qu'il soit général, vitalise la peau, en normalise le fonctionnement cellulaire; il est un puissant modificateur des troubles vaso-moteurs qui dominant souvent l'état morbide, rompent l'équilibre entre la circulation interne et la circulation périphérique. L'entraînement progressif doit être individuel; le bain atmosphérique doit être journalier comme la leçon de gymnastique; arriver à pouvoir associer et combiner les deux dans la même séance me parait l'idéal. Les heureux résultats obtenus par le Dr Rollier à Leysin (Suisse), sont venus confirmer, après bien d'autres, le bien-fondé de la pratique du génial Rickli.

Dans leur communication à l'Académie de Médecine du 15 Octobre 1912, Antonin Poncet et René Leriche ont rendu compte des résultats obtenus dans des expériences dont les premières remontent à 20 ans. «...La plus haute expression de la cure solaire est certainement réalisée par l'insolation dans le midi de la France et les pays méditerranéens;... le soleil est là réellement le grand guérisseur, le grand purificateur dont rien n'égale la merveilleuse force tonique. »

Il faut de l'eau comme auxiliaire de la cure atmosphérique et surtout de la gymnastique. Mais il y a lieu de différencier toujours le point de vue hygiénique du point de vue thérapeutique. Je reste dans l'hygiène : Eau chaude ou eau froide ?

Ma pratique personnelle de l'hydrothérapie dans les stations thermales d'Aulus (Ariège), de Rennes-les-Bains (Aude), où je douche moi-même depuis dix ans, me permet d'affirmer qu'il y a avantage, le plus souvent, à utiliser l'eau chaude. (37° à 50° c).

Après brossage-savonnage du corps à la température de choix, on le frictionne vigoureusement avec une serviette-éponge qui, trempée dans l'eau froide, a été fortement exprimée avant d'être utilisée. Cette précaution dont peuvent plus tard s'affranchir les sujets robustifiés permet alors de passer d'emblée à l'eau froide sans danger.

L'eau chaude a l'avantage de faciliter la solubilisation et l'expulsion des déchets, en activant la circulation sanguine et humorale ; elle supprime les ralentissements congestifs, dégorge les organes gonflés par la stase des liquides, tend à normaliser leur rythme circulatoire toujours plus ou moins troublé.

Les effets du froid sur la circulation cutanée ont été observés par M. Hallion, à l'aide de l'exploration du pouls capillaire. Malgré la rougeur superficielle causée par le froid, la circulation cutanée est ralentie. Le sang n'augmente d'abondance que dans la couche immédiatement sous-épidermique et il y stagne.

Le Congrès n'a pas suffisamment insisté sur le rôle prépondérant de la qualité et de la quantité des aliments dans l'hygiène générale. L'éleveur d'hommes, pas plus que l'éleveur de chevaux, ne saurait se désintéresser cependant de la question alimentaire, en éducation physique. L'aliment, dit Viaud-Bruant, (de Poitiers) a une telle puissance d'action qu'il est capable, à lui seul, de briser le type de l'espèce. Le Dr Pascault (de Cannes) a clairement établi l'influence favorable de l'aliment de choix dans le traitement des états maladifs, et sa valeur, dans l'hygiène générale, comme auxiliaire précieux des effets bienfaisants de l'exercice ; on lira avec intérêt deux chapitres de ses « Conseils théoriques et pratiques sur l'alimentation », l'un intitulé : « Alimentation, tempéraments et maladies », l'autre « Tourisme et alimentation ».

Une alimentation insuffisante en qualité et quantité ou trop copieuse et chargée d'impuretés peut faire échec à la meilleure éducation physique la mieux appliquée.

Le Congrès, après avoir affirmé la supériorité de la méthode de Ling, a, en outre, insisté sur la nécessité de continuer l'effort éducatif jusqu'à complet développement de l'éduqué, qui ne doit être livré à sa propre direction qu'en possession de cette puissance disciplinée que les anglais appellent le « self-governement ».

Il a aussi demandé que maîtres et élèves, dans toutes les écoles, soient soumis à l'hygiène générale; nous pensons en outre, qu'il n'y a aucune raison pour priver les serviteurs des avantages qu'ils peuvent retirer, pour leur santé, de l'application de cette hygiène. Il a appelé l'attention des pouvoirs publics sur l'urgente nécessité de satisfaire à ce besoin d'hygiène dans la construction, l'aménagement, l'organisation, le matériel, le fonctionnement, etc., des locaux scolaires.

Enfin, il a adopté notre vœu concernant l'urgente nécessité d'organiser en France l'enseignement de la gymnastique éducative pour la Femme dans les écoles normales, à l'instar de ce qui a été fait depuis 10 ans à l'école normale des institutrices de Pau (Basses-Pyrénées) par le Dr Ph. Tissié.

Nous voici donc et heureusement sortis de l'étroitesse dangereuse du cadre de l'Education physique, réduite le plus souvent jusqu'ici par les initiateurs du mouvement éducatif à la gymnastique, aux jeux et aux sports.

Définition :

L'éducation physique doit être « intégrale »; j'ai défini depuis quelques années déjà, le sens et la portée de ce qualificatif qui veut dire qu'elle doit associer et coordonner, suivant une unité de vue et de méthode et sans discontinuité jusqu'à ce que l'éducation ait donné tous ses résultats possibles, d'après un code de règles précises, tous moyens capables de maintenir l'être humain dans les conditions de la normalité et à l'y ramener quand il en a été éloigné.

Le rôle de Directeur de l'Education physique incombe au médecin qui doit être en l'espèce, non seulement un clinicien et un thérapeute expérimenté, mais un « Ingénieur biologiste » théoriquement documenté, d'une pratique technique au-dessus de toute discussion, doublé enfin d'un psychologue avisé.

Alors seulement le médecin pourra utilement faire de la « Viriculture », dans le sens que le Dr Maurel, (de Toulouse), (1) a donné à ce mot, et remplir efficacement son rôle social d'éducateur, dont il ne saurait se désintéresser sans déchoir.

---

(1) " La Viriculture ". — Province Médicale 18 Septembre 1909.

II. — La Méthode en Gymnastique Éducative

Principes. — Bases. — Les auxilliaires indispensables

L'idée de Ling comme toutes
les vérités utiles ne peut périr.

A. Georgii. 1847.

Déclaration de principes.

Nous adoptons la méthode de Ling.

Elle a fait ses preuves depuis cent ans et sa supériorité, après discussions parfois vives, s'est victorieusement affirmée dans les nombreux Congrès d'Education Physique qui ont suivi celui de 1900 à Paris. Personnellement nous avons pratiqué l'ancienne gymnastique et aussi les sports divers, nous sommes allé dans les gymnases en Suède, (six mois de séjour) et avons été élève à l'Institut Central Royal de Gymnastique à Stockolm; enfin, depuis bientôt 10 ans nous utilisons le mouvement, au titre éducatif et aussi en Kinésithérapie générale et gynécologique, associé aux autres facteurs de cure physique et même pharmaco-dynamique au besoin. Nous parlons donc d'une chose connue dans la théorie et par la pratique.

L'espace nous étant mesuré, nous devons nous restreindre aux limites d'une simple esquisse. Nous résumerons donc tout d'abord brièvement l'article sus-désigné du Professeur Maurel, qui justifié scientifiquement l'emploi de l'exercice éducatif pour normaliser filles et garçons dans leur statique et dans leur dynamique :

1º Dans les conditions de la normalité, chaque appareil et même chaque organe doit présenter une quantité donnée de pouvoir fonctionnel. Ce pouvoir fonctionnel est en rapport avec le poids de l'organe; il existe un rapport entre ce dernier et le poids total du corps. C'est le point de départ, la question préalable; elle dépend des générateurs.

2º L'organisme est en voie incessante d'adaptation.

Celle-ci est conditionnée par les besoins du corps.

Nous pouvons par notre intervention accélérer, retarder ou même contrarier cette adaptation, — et la possibilité de bien faire justifie l'Education physique, comme aussi la détermination du choix de la meilleure méthode.

« Son action modificatrice, a dit le D^r Ch. Letourneau, mon maître, est incontestable et puissante, à la condition de s'exercer sur une série de générations et dans un sens donné. »

3° La mise en fonction méthodique d'un organe augmente son pouvoir fonctionnel ; son repos prolongé diminue ce pouvoir fonctionnel.

C'est la justification de la gymnastique qui doit être appliquée à tous les organes dont la fonction est inférieure ou perturbée.

Cette gymnastique doit être appliquée avec continuité, progression.

4° Il faut fixer le coefficient des normalités dans des moyennes approximatives, — établir les règles de l'Education à appliquer à chaque organe, en vue de le normaliser.

5° L'enfant examiné dès sa naissance doit être suivi dans son développement.

6° L'organisme représentant une équation biologique variable suivant les individus, l'Education physique doit être individuelle.

7° Ne doivent être livrés aux exercices généraux que les sujets dont les normalités ne s'éloignent pas trop de la moyenne.

Je retiens deux points importants: a) l'Education individuelle, b) les exercices généraux.

a) Chaque sujet interprétant à sa façon le sens du commandement et exécutant le mouvement ordonné suivant ses possibilités psychophysiques propres, obéissant d'ailleurs, avant tout, à la loi du moindre effort, les réactions à l'action imposée variant dans leur forme suivant des contingences individuelles dont l'Educateur doit d'ailleurs établir la nature et la portée, il y a lieu, au début surtout, de surveiller de très près l'apprentissage individuel et de corriger les fautes d'exécution, en appelant l'attention du sujet sur la nécessité d'une auto-observation nécessaire et suffisante en vue de l'exécution correcte et utile du mouvement. Il y a, de ce fait, chez l'élève, quel que soit son âge, une dépense d'influx nerveux considérable dont l'Educateur doit tenir compte, pour éviter les fâcheux effets du surmenage.

En vue de faciliter le travail à l'école, par exemple, et en supposant les élèves relativement peu anormaux, il faut, après l'examen individuel complet, sérier les enfants suivant les similitudes approximatives de statique, dynamique et psychique, établir des groupes (10 à 15 élèves) auxquels on fera un enseignement théorique et pratique en rapport avec les possibilités de compréhension, d'exécution et d'adaptation de l'ensemble ; individuellement, au besoin, et c'est le cas le plus fréquent, il faudra apprendre au sujet :

1º à se tenir correctement en Position Fondamentale Debout.

2º à s'élever sur la pointe des pieds, talons réunis, corps rigide et droit, tête fixée dans le plan optimum.

3º à exécuter la courbe du tronc en Position Couchée Faciale Avancée (sur le ventre) avec pieds en appui talonnier, pointes en dehors, genoux et talons au contact, bras en toutes positions, mains hanches, épaules, nuque, sommet-tête, en extension haut.

4º à exécuter l'inclinaison du tronc en arrière en Position Assise sur un tabouret ou une table, appui aux pieds ou aux genoux.

5º à exécuter la respiration avec et sans mouvement de bras.

Cet ensemble d'exercices dont je ne puis donner ici qu'un très succinct résumé schématique constitue le minimum de savoir à acquérir et à posséder de façon correcte et parfaite avant de passer aux exercices généraux. C'est « la question préalable cinétique » de la gymnastique éducative: Maîtres et élèves doivent s'appliquer à lui donner la meilleure solution en apportant dans cet enseignement préliminaire tout le temps et la patience nécessaires.

b) Lorsque le sujet a subi l'influence bienfaisante de cette première initiation, il peut passer aux exercices généraux de la gymnastique d'ensemble; il est le plus souvent déjà capable d'exercer sur lui-même une surveillance efficace dans l'exécution du mouvement éducatif.

Cette première initiation lui a, en effet, révélé l'existence de ses muscles, montré l'insuffisance de sa respiration dans l'amplitude et le rythme, éveillé son attention sur la susceptibilité de sa poitrine — (cœur et poumons), — aux palpitations et à l'essoufflement qui imposent rapidement l'arrêt de l'action; il comprend la différence qui existe entre la flexion et l'extension et sait placer sa musculature en état de synergie nécessaire à la fixation des points d'appui pour le maintien de la position fondamentale choisie comme base rigide indispensable aux leviers à mobiliser; il a compris peut-être le rythme, car nombre de sujets restent des arythmiques; et dans tous les cas, cerveau et muscles sont orientés vers l'ordre et la discipline dans l'effort dont il a conscience: le sujet se révèle à lui-même, surpris d'ailleurs de son entrée dans ce monde inconnu du mouvement discipliné où tout est à apprendre.

Quant aux anormaux, plus ou moins maladifs, et leur nombre

augmente sans cesse, ils relèvent de la Kinésithérapie et doivent faire l'objet d'un traitement préalable spécial.

La méthode de Ling suffit à tous les besoins, à condition qu'elle soit soutenue par les autres facteurs de vie.

Physiologique avant tout, elle gravite autour de la Respiration, fonction-maîtresse dont le diaphragme est l'instrument essentiel et qui, en aucun cas, ne peut être gêné ni violenté dans son travail.

Ling a eu du mouvement éducatif la plus complète et la plus large conception, au point de vue des applications variées dans les différents domaines visant, tous, le perfectionnement humain, et reliés les uns aux autres par l'instrument commun à leur manifestation, Le Muscle. Celui-ci n'est que l'agent d'exécution du cerveau: il n'est donc pas le but; le but, est, en l'espèce, le geste qui n'est justifié que par son utilité en vue du perfectionnement physique, intellectuel ou moral de l'individu et pour une fin sociale. Considéré dans sa fonction bio-mécanique, le Muscle a dans ses attributions de libérer, par sa mise en activité, l'Energie, (chaleur, mouvement, etc.,) nécessaire au développement somatique, au maintien de l'intégrité statique, au fonctionnement physiologique de l'individu.

La libération de cette énergie, à l'état de potentiel, se fait grâce à l'action de l'oxygène atmosphérique sur le glycogène, terme ultime du métabolisme alimentaire, en dépôt principal dans le muscle, en réserve dans le foie. De la destruction de ce glycogène résulte entr'autres déchets, de l'acide carbonique dont la plus grande voie d'élimination est le poumon où le dépose le globule sanguin, siège des échanges gazeux (hématose); d'où nécessité d'assurer le meilleur fonctionnement du ventilateur pulmonaire et de son associé le cœur.

Le muscle en fonction déclanche automatiquement tout le système des combustions et des échanges et détermine, de ce fait, un appel d'air et une chasse carbonique dont le rythme est conditionné par la possibilité vitale du sujet et son éducation respiratoire. L'oxygène introduit est mobilisé par les oxydases et les réductrices agissant les unes sur les autres pour comburer l'hydrogène et le carbone des aliments. Les unes et les autres se trouvent en quantité variable en chaque cellule animale et végétale. Ce sont les substances réductrices qui prennent aux oxydases, pour se comburer, l'oxygène que ces dernières ont fixé. De toutes les réductrices connues à ce jour, celle qui semble jouer le rôle prépondérant dans la nutrition, c'est le Philothion, diastase colloïde surhydrogénée, découvert par le D^r

de *Rey-Pailhade*, en 1888, dans la levure de bière. Très répandu dans la nature, il semble doué d'une plus grande affinité dans les cellules végétales où il ne conserve cependant la totalité de ses propriétés actives et utiles que si le végétal est fraîchement cueilli et cru. Dans celui-là seulement reste éminemment énergétique le groupement moléculaire de la matière alimentaire organisée par la plante sous l'action des rayons solaires et contenant oxydases et réductrices. C'est à la puissance de cette énergie prise à l'état naissant dans le végétal frais qu'est due, sans doute, la force et l'endurance des sujets, rares d'ailleurs, dont l'organisme peut se plier non seulement sans dommage mais avec avantage à l'alimentation par les crudités (légumes et fruits, céréales comprises) (1).

Nombre de sportifs ne doivent leurs succès qu'à un régime de sobriété, à base végétale, évitant ainsi cette autre fatigue si répandue aujourd'hui et à laquelle on ne songe généralement pas assez en Education physique, la fatigue alimentaire (2).

Elle est cependant capable, à elle seule, de faire échec à la meilleure éducation physique.

La question vaut donc la peine d'être examinée de très près. Des très nombreuses expériences de tous genres qui ont déjà été faites pour établir quelle est la meilleure alimentation hygiénique, j'en retiendrai deux, caractéristiques en l'espèce.

La première est celle de Irving Fischer, Professeur à l'université Yale de New-Haven (Connecticut E. U.). Son travail cité plus haut, des plus suggestifs, est à lire en entier, car il règle cette question dont ne se sont jamais suffisamment ou pas du tout intéressés les éducateurs; elle fait l'objet de mes préoccupations et de mes travaux depuis 10 ans.

Quelle est la meilleure source d'énergie alimentaire? Quel est l'aliment qui par sa nature adéquate à la qualité de notre organisme et à ses besoins, à ses possibilités digestives, nous permet de libérer la meilleure énergie sans détérioration organique ni usure cellulaire prématurée, sans troubles fonctionnels perturbateurs de l'équilibre des forces?

Les expériences du Dr Fischer répondent en grande partie à la question.

Le but de l'expérimentateur était de déterminer le rapport entre certains aliments, notamment les aliments azotés et carnés, et l'endurance, c'est-à-dire la résistance à la fatigue. Dans

---

(1) *L'Énergie vitale*, par Viaud-Bruant.

(2) *L'Influence de l'Aliment carné sur la résistance à la fatigue*, par Irving Fischer, traduit de l'Anglais par le Dr Ern. Nyssens, de Bruxelles

le même but d'ailleurs, Fischer avait déjà fait une expérience pour établir la valeur et la nécessité de la mastication complète et prolongée dans la diététique (1). Ceci est un fait acquis et indiscutable désormais : la meilleure alimentation peut devenir nuisible si cette opération préalable n'est pas réalisée comme il convient. Quant à l'expérience relative aux essais d'endurance, elle fut réalisée sur 49 personnes, répondant à deux types bien distincts d'habitudes alimentaires.

Les sujets d'expérience se distinguent en trois groupes : le premier groupe comprenait des sujets adonnés aux sports athlétiques, habitués à un régime très azoté et riche en chair animale ; — le deuxième groupe comprenait des sujets adonnés également aux sports athlétiques, mais habitués à un régime pauvre en albumine et excluant toute chair animale ; — le troisième groupe comprenait des sédentaires habitués à un régime pauvre en albumine et excluant toute chair animale. Les sujets étaient des étudiants et des instructeurs de l'Université Yale, un médecin du Connecticut et quelques médecins, garde-malades et employés du Sanatorium de Battle-Creek, abstinents complets d'aliments carnés depuis une période variant de 4 à 20 années ; cinq d'entre eux n'avaient jamais mangé de viande.

« Ne disposant d'aucun procédé mécanique exact pour mesurer l'endurance, nous avons employé, dit Fischer, trois épreuves des plus simples : 1° tendre les bras horizontalement aussi longtemps que possible, 2° plier les genoux, en abaissant et en relevant le corps droit, 3° lever un membre inférieur tendu étant couché sur le dos.

Toutes ces expériences ont été faites devant témoins.

Les résultats des comparaisons que précise Fischer dans le détail, indiquent que les personnes usant d'un régime peu azoté et non carné ont une endurance supérieure à celles habituées au régime américain ordinaire.

Dans les trois groupes comparés, les mangeurs de chair ont montré beaucoup moins de résistance que les abstinents, même lorsque ceux-ci menaient une vie sédentaire ; a fortiori, les grands mangeurs de viande, menant une vie sédentaire doivent être beaucoup moins résistants que les abstinents ; cette réalité est de constatation journalière.

Etant donné : a) le taux considérable de la supériorité montrée par les abstinents ; — b) le lourd handicap qui leur fut imposé, — c) l'absence de tout autre facteur connu pouvant expliquer

(1) Voir dans l'Obésité, son traitement par la Kinésithérapie associée — page 33 — rééducation de la mastication, — Rapport au 4° Congrès de Physiothérapie, Paris 1912, par le Dr Danjou (de Nice)

leur supériorité, il est improbable que cette supériorité puisse être attribuée à des circonstances fortuites.

Il est possible que la supériorité des abstinents soit due à l'abstinence des aliments carnés ou à l'emploi d'une faible ration d'albumine, ou aux deux, en même temps qu'à l'abstinence de thé, café, épices, alcool, etc.

Et Fischer conclut: «...La question de savoir jusqu'à quel point les aliments carnés peuvent être employés avec avantage est encore ouverte; mais il est à peu près certain, en présence des faits révélés depuis ces dernières années que la consommation ordinaire de ces aliments est excessive.»

Voici la deuxième expérience: Mademoiselle le Dr Ioteyko, Directrice de la Faculté Internat. de Pédologie à Bruxelles et chef de laboratoire à l'Université de Bruxelles, en collaboration avec Mademoiselle Varia Kipiani, de la même Université, a publié les résultats d'une enquête scientifique sur 43 végétariens de Bruxelles, gens bien portants, certes pas indemnes de toute affection, mais devenus végétariens non pour des raisons thérapeutiques mais hygiéniques ou morales.

Leur résistance à la fatigue a été étudiée à l'ergographe de Mosso et on a précisé la durée de leurs réactions nerveuses. Ce travail, comme le précédent, devrait être connu des éducateurs physiques; en voici les conclusions essentielles:

1° Le Régime Végétarien nous apparaît comme le moyen vraiment efficace pour combattre l'alcoolisme: les végétariens n'ont pas de soif anormale et n'ont pas besoin de ranimer leurs forces au moyen des excitants artificiels.

2° Le Régime Végétarien donne la plus grande endurance au travail physique qui peut durer deux ou trois fois plus longtemps que le travail des carnivores — (constaté à l'ergographe). La réparation de la fatigue est beaucoup plus rapide chez eux que chez les carnivores, mais pour les uns comme pour les autres, il faut que le sang circule facilement et que l'atmosphère soit pure. Les épreuves de sports et de tourisme ont démontré, par les succès constants des végétariens, que le régime végétarien favorise au plus haut point le rendement de la machine humaine.

Les expériences du Professeur Russel Chittenden ont démontré que la moitié moins d'albumine de la ration habituelle suffirait au bon entretien de la machine. Le régime d'activité intellectuelle et musculaire doit être à base d'Hydrates de carbone. Les céréales et les fruits nous fournissent les meilleurs aliments. Dans ses réactions nerveuses le végétarien apporte plus d'équilibre, plus de maîtrise, plus de rapidité et plus de souplesse : l'éducation en est d'autant facilitée.

Depuis, les travaux de Mlle le Dr Ioteyko sur « la fonction musculaire » et sur « l'enfance végétarienne » sont venus consolider ces conclusions, infirmer ces constatations.

Mais voici qui est récent et intéressant à signaler : la « London Vegetarian Association » a soumis dix mille enfants, des deux sexes, au Régime Végétarien, pendant que le « London County Council » a fait suivre à dix mille autres enfants l'alimentation ordinaire avec viande.

Au bout de six mois, les uns et les autres ont été examinés par les médecins, les enfants soumis à l'alimentation végétarienne ont paru jouir d'une meilleure santé, avoir gagné plus de poids, avoir des muscles plus solides. Le Conseil Municipal de Londres désireux de poursuivre l'expérience a confié encore dix mille enfants à l'Association Végétarienne pour les nourrir par l'alimentation végétarienne.

Education physique intégrale plus facile quand la nourriture est plutôt végétarienne, voilà la conclusion à retenir : depuis dix ans, je constate la réalité de ce fait.

III — Les faits acquis

C'est savoir presque toujours inu-
tilement et quelquefois pernicieuse-
ment que de savoir superficiellement
et sans principes.
VAUVENARGUES

Que sait la généralité des femmes en éducation physique, hors
la Scandinavie? à peu près rien. Si, par hasard, quelques-unes
savent quelque chose, elles le savent le plus souvent superficiellement et sans principes et appliquent mal leur savoir. — Cette
déclaration de principes justifiera ce rapport qui vient après
dix ans d'études, de pratiques et d'enquêtes.

Considérée dans la partie-éducative du mouvement pour une
fin physiologique normale et sociale pacifique, l'éducation physique de la femme comprend la gymnastique, les jeux et les
sports.

Basée sur les mêmes principes généraux de la méthode de
Ling, elle se nuance, par rapport à l'éducation physique des
hommes, en ce qu'on apporte dans l'exécution du même exercice par la femme plus de douceur et de grâce, ce qui n'exclut
pas l'énergie, la correction, la promptitude, la décision; on évite
les fortes secousses que provoque la violence, en tenant compte
de l'importance des organes majeurs spéciaux à la femme. On
s'attache toutefois à développer, comme chez l'homme d'ailleurs,
la résistance et la tonicité de la sangle abdominale, condition
essentielle du bon fonctionnement viscéral, en même temps qu'on
cherche à renforcer l'énergie neuro-musculaire des muscles extenseurs cervico-dorso-lombaires, en vue d'assurer l'attitude la
plus favorable au fonctionnement du diaphragme pour obtenir
une meilleure irrigation sanguine dans le poumon.

C'est d'ailleurs un des bons moyens pour éviter à la jeune fille
le désir et le besoin du corset qui, en diminuant l'acte respiratoire,
provoque un état d'anhélation, d'asphyxie cellulaire plus ou moins
accentué, en même temps qu'il entrave la circulation sanguine
cardio-pulmonaire.

La question de la Réforme du vêtement féminin — chaussures

et coiffure comprises — devra tôt ou tard recevoir une solution conforme à la nécessité dans laquelle se trouve la femme de respecter, pour bien vivre, les formes naturelles de son corps. Donc aucune mutilation, aucune entrave (1).

Ainsi libérée, la femme peut s'épanouir dans la joie de vivre que provoque « le jeu » parce qu'il donne, discipliné et collectif, le sens de l'effort utile dans l'ordre, avec le sentiment de l'appui mutuel et de la solidarité : il est une école du Caractère.

L'exercice de la marche sur pointe, en position correcte, doit être spécialement perfectionné en vue d'obtenir une démarche élégante et souple en même temps que ferme et digne. C'est d'ailleurs un excellent moyen de s'entraîner à l'alpinisme si fécond en résultats bienfaisants sur le développement total du corps, l'entretien de la santé, le maintien de la bonne humeur.

L'usage de la bicyclette doit être surveillé, chez les débutantes surtout, tant qu'elles n'ont pas acquis cet automatisme qui diminue la fatigue par suite de la suppression des préoccupations inhérentes au début d'un sport où l'obstacle et l'équilibre sont un véritable souci. De plus, il faut veiller chez les enfants aux déviations de la colonne vertébrale, aux atteintes du côté du cœur, de la vésicule pulmonaire, etc.

Je mentionne, en y insistant, la nécessité de la natation qui harmonise le développement des membres, amplifie le thorax ; jointe à l'aviron, elle est un agent puissant de vitalisation, à condition, toutefois, que le sujet supporte sans dommage les températures inférieures de l'eau utilisée. L'idéal c'est l'eau à 37° dans la piscine d'instruction.

On consultera avec avantage l'ouvrage d'Emile André, qui mentionne les autres sports utiles (2).

Enfin la danse et la musique (solfège et improvisation) avec le chant, doivent faire partie de l'éducaiotn physique de la femme et concourir au perfectionnement physique, intellectuel et moral recherché. Nous sommes ici plus que jamais partisans de la coéducation dans ces branches de l'enseignement physique intégral qui conduisent à un perfectionnement intellectuel et moral en raison de la puissance émotive de la musique. « La musique

---

(1) « Pour la beauté naturelle de la femme contre la mutilation de la taille par le corset » à la Ligue des mères de Famille, 6 rue Olivier-de-Serres. Paris.

(2) Emile ANDRÉ. *L'Education physique et sportive des jeunes filles.* Paris 1901.

règle la voix, va jusqu'à l'âme et lui inspire le goût de la vertu (1). »

La communion des esprits dans la sensation sympathique de la beauté des mélodies et du rythme est un lien puissant de fraternisation au cours de l'éducation commune des sexes. La danse surtout, la plus haute expression de la pensée par le geste, « initie aux rapports du physique et du moral » (2). Elle est un excellent moyen, exécutée dans l'esprit de Lucien, le satirique grec, de développer le sens du rythme si troublé aujourd'hui chez la plupart des sujets, comme on peut s'en rendre compte au cours de l'enseignement de la gymnastique éducative.

En donnant à la gymnastique rythmique l'importance éducative qu'il lui attribue, Jacques Dalcroze a rendu un très grand service à la cause de l'éducation physique. Mais c'est une erreur de débuter par la gymnastique rythmique dans cette éducation, et de penser, qu'à elle seule cette gymnastique peut suffire à faire toute la besogne éducative. Il faut, au préalable, avoir « travaillé » son sujet suivant ses nécessités, en utilisant pour les réparations et les redressements à faire les ressources de la thérapeutique générale dans laquelle la physiothérapie fournit les meilleurs éléments de succès possible. D'autre part, il faut que le sujet ait subi le bénéfice de la gymnastique rationnelle; alors seulement, la rythmique donnera son plein effet possible; et, je l'ai dit, quelques sujets sont et restent indéfiniment arythmiques.

On lira avec intérêt les « considérations sur le rythme » du Dr Léon Weber-Bauler (de Genève), (3) étude consciencieuse sur l'origine physiologique du rythme: On confond trop souvent, dit l'auteur, mesure et rythme. Le rythme est plus que la division du temps et de l'espace, il est plus qu'une cadence et une symétrie; il est l'accentuation de l'un des temps isochrones, isodynames ou isomètres; il est un mouvement mesuré, ralenti ou accéléré à volonté pendant un intervalle et accentué par une tonique qui en est la dominante; il est la résultante de rapports entre des phénomènes de durée et des phénomènes d'intensité.... Le rythme a un caractère nettement cyclique: la croissance, la plénitude et le déclin

Les phénomènes biologiques normaux ont pour caractère es-

---

(1) PLATON. *Les Lois* II.

(2) LUCIEN. *De la Danse.*

(3) *Les Feuillets*, Revue Mensuelle de culture suisse.

sentiel, dans un organisme, sain, d'être équilibrés suivant un rythme normal; et l'état morbide comme la maladie ont pour caractéristique, qu'il s'agisse de la cellule-type ou de l'agrégat de cellules, l'organisme, d'avoir précisément perdu le rythme normal. Il est facile de comprendre que, dans ces conditions, la manifestation de la pensée par le geste en soit perturbée, polluée, anormalisée. Le rythme, en effet, domine nos propres mouvements.

« Apprendre à subordonner ses mouvements dans la mesure dictée par la musique, régler ses centres moteurs cérébraux et spinaux de manière à déclancher leurs réflexes au moment précis, mais *surtout dans la commande motrice;* mettre force ou frein suivant les incitations rythmiques, subjectives ou objectives, aiguiser enfin les connexions harmonieuses entre le sens musculaire qui fournit la notion du corps en mouvement, l'oreille qui perçoit la commande et la vue qui jouit du résultat esthétique, tel est le but essentiel de la méthode de Jacques Dalcroze.

Mais, corollaire de ce que nous disons plus haut, les rythmes extérieurs pénètrent plus avant en nous-même: savoir entendre, exécuter, improviser un rythme moteur, surtout les rythmes complexes auxquels Jacques Dalcroze astreint ses élèves, comporte un notable développement d'énergie, de volonté, de souplesse morale. Aussi le but philosophique de la méthode de Jacques Dalcroze, serait de renforcer ce don précieux, dévolu aux artistes: celui de faire vibrer une « âme écouteuse », subtil résonateur du cœur, celui qui incite à prêter l'oreille plutôt aux nuances qu'aux couleurs, aux rythmes qu'aux sons, aux intentions qu'aux résultats.

Et quand après avoir passé par toutes les étapes d'un corps désentravé et affranchi; après avoir pénétré, chanté, mimé avec toutes les nuances de son inspiration personnelle, le sens ouvert ou caché de la musique, l'élève de Jacques Dalcroze devient une unité englobée dans la grande figuration d'ensemble, dernière trouvaille du maître de Hellereau, où la géométrie des attitudes, le développement fatal des rythmes s'unit à la mathématique des combinaisons musicales, on l'imagine pénétré d'un singulier sentiment de sécurité, de quiétude, celui de l'absolu retrouvé au delà de l'agitation vitale, dans l'immuable fixité « des rapports harmoniques, moteurs et animiques. »

L'éducation par la rythmique est une cause de fatigue psychique et neuro-musculaire considérable, et le travail d'entraînement doit être conduit avec beaucoup de circonspection et de doigté, sélection faite, après essais suffisants, de ceux qui ne bénéficieront jamais de cet enseignement. On peut, par fatigue de surmenage, sortir arythmique de la rythmique.

Comme complément de l'éducation physique intégrale de la femme, nous croyons utile pour elle d'être instruite sur l'enseignement ménager, la puériculture, les premiers soins à donner.

Ainsi éduquée, la femme pourra, livrée à son initiative, soit au foyer, soit au dehors, se comporter en être social, c'est-à-dire utile.

Mais à la base de cette éducation, la gymnastique rationnelle journalière composée des « Mouvements hygiéniques essentiels » reste l'écrou de réglage de l'activité physique qu'une civilisation intense tend de plus en plus à désordonner. La femme n'échappe pas à cette frénésie de l'agitation sans but justifié, agitation stérile, dont l'aboutissant, la névrose, conduit à la folie, à la stérilité, pour ne parler que des morbidités fréquentes. Il faut discipliner le cerveau par le muscle, régler l'action par la commande.

Ceux qui voudront se renseigner sur les bases de la théorie de Ling et sur la technique, pour la pratique de ses mouvements, liront avec intérêt les ouvrages écrits en langue française de :

A. Georgii. — Paris. Baillière 1847.

Dr Jentzer père qui, le premier, introduisit la gymnastique suédoise en Suisse (traduction de l'ouvrage de Liedbeck en collaboration avec Stina Beronius).

Dr F. Lagrange : La médication par l'exercice.

D^r Ph. Tissié (de Pau), dans sa volumineuse collection de la Revue des jeux scolaires et d'Hygiène sociale (22e année) et autres ouvrages par lesquels il lutte pour le triomphe de la vérité.

C^t Lefébure, à qui la Belgique doit l'initiative de l'organisation de l'éducation physique rationnelle.

Lt Colonel Coste qui, par sa vigoureuse ténacité, a obtenu le passage des instituteurs à l'Ecole Militaire de Gymnastique de Joinville-le-Pont (France) qu'il a réorganisée sur le principe de la méthode de Ling, pour leur apprendre la pratique de Ling.

Si l'on veut avoir enfin un résumé parfait du sens et de la portée de l'œuvre de Ling, on lira avec profit la préface qu'a écrite M. G. Demeny pour la 2e édition de l'Education physique en Suède du C^t Lefébure, 1908. — Depuis cette époque, M. Demeny a changé son fusil d'épaule, à notre avis.

La méthode de Ling fait tache d'huile dans le monde entier et, de plus en plus, l'esprit s'éveille à la compréhension de cette nécessité ; éduquer la femme autant que l'homme.

Dumferline (Ecosse). — L'Angleterre sort enfin de son erreur d'éducation sportive exclusive; elle adopte le Ling comme dressage préalable du mouvement éducatif. De tout ce qui s'y est fait en vue de l'éducation physique de la femme, il faut signaler comme particulièrement intéressant la création du Collège d'hygiène de Dumferline, due à la générosité du Dr Andrew Carnegie. Ce collège fait partie d'un ensemble d'œuvres sociales créées dans la ville natale du donateur par le Comité des trustees de la fondation Carnegie auquel il a été remis 12 millions. L'argent a été employé à acheter du terrain pour cottages, terrains de jeux, parcs, bibliothèques, piscine, etc., à créer un institut d'hygiène publique dont le collège est une importante partie. Tout ceci « afin d'apporter dans l'existence monotone des masses ouvrières de Dumferline plus de douceur et de lumière, en vue de leur donner, spécialement aux jeunes, ce charme, cette joie, ces conditions élevées qui rendent la vie digne d'être vécue ».

C'est un vrai centre d'éducation physique qui a été créé à Dumferline par le Comité Carnegie sous la direction du Dr John Ross. « Point d'acrobates pour des exercices miraculeux en des représentations publiques. Nous désirons développer l'éducation physique de façon à augmenter la capacité de travail, de compréhension et d'action de tous les enfants de nos écoles. »

C'est en vue de réaliser ce programme qu'a été créé le Collège d'hygiène avec piscine magnifique et bains turcs, une spacieuse salle de gymnastique suédoise, un laboratoire de recherches scientifiques, etc.; trois professeurs femmes et deux docteurs sont attachés à la maison: ils sont chargés, avec d'autres professeurs, de former une élite de professeurs gymnastes et biologistes à la fois; les écoles de la ville fournissent un champ de travail fécond d'autant mieux utilisé que l'inspection médicale des enfants est très soigneusement organisée: chaque enfant a sa fiche sanitaire détaillée en douze articles.

Les candidats sont admis de 18 à 30 ans, sur présentation d'un certificat de bonne santé et d'un diplome d'instruction supérieure; la durée d'études est de deux ans et il y a deux séries de cours : 1e les cours théoriques sur l'anatomie, la physiologie, l'hygiène individuelle et l'hygiène scolaire, la gymnastique de Ling médicale et pédagogique; les calculs d'énergie musculaire et la valeur nutritive des aliments, la musique et l'étude de la voix, etc.; 2° Des cours pratiques sur ces mêmes parties avec jeux, danses et chants, sports divers assortis, natation, cours de cuisine, etc.

On peut se faire une idée de l'esprit dans lequel est appli-

qué le programme de l'école d'où les élèves sortent « Maîtresses d'éducation physique » par la déclaration de sa directrice
Miss E. Adair Roberts : « Le devoir d'être sain physiquement
et celui d'être pur moralement ne sont pas deux devoirs, ils forment les deux parties d'un devoir unique qui est celui de vivre
de la façon la plus complète possible. »

Ce système d'enseignement de la femme comme Maîtresse
d'Education physique peut sans doute être perfectionné : tel qu'il
est cependant il constitue un progrès à signaler, un exemple à
suivre.

J'ai puisé tous ces renseignements dans l'excellent travail :
la Formation de la Race de M. Georges Benoit Lévy, secrétaire
général de l'association des Cités-Jardins de France, qui les a
recueillis sur place. On y trouvera en outre de précieux documents
pris dans les rapports dressés par des enquêteurs royaux sur
la détérioration de la race anglaise et les moyens d'y remédier.

Passons des Maîtresses d'Education physique aux élèves qui
reçoivent leur enseignement. Allons en Belgique.

A Vilvorde (Belgique). — Avec une rapidité méthodique et or-
donnée, la Belgique a organisé en très peu d'années sur son
territoire l'enseignement physique suédois sans oublier la femme. A Vilvorde, près Bruxelles, le pensionnat « Les Peupliers »
fut la première maison de jeunes filles qui, dès 1900, donna
cet enseignement. Cette heureuse création est due à l'intelligente initiative de sa directrice Mlle Lefébure, depuis longtemps
acquise aux idées éducatives anglaises et américaines.

J'ai eu l'honneur d'être accueilli dans la maison, il y a quelques années ; j'ai pu me rendre compte toute une journée, de
la manière dont est exécuté le programme d'études. Quelle satisfaction de voir appliqué avec tant de soins, de compétence et
de sincérité ce programme si soigneusement élaboré ! J'aime
mieux donner au Congrès les impressions d'un confrère, le
Dr Eug. Soula (de Pamiers) France (1) qui, comme moi, est
allé se documenter sur place. « Le coquet et riant pensionnat
« les Peupliers » à Vilvorde, possède à un vrai degré de perfec-
tion, les conditions sans lesquelles ne saurait exister un enseignement sérieux. Leçons journalières de gymnastique éducative
et de jeux d'une demi-heure à 1 heure de durée dans une vaste
salle de gymnastique suédoise complète établie selon les règles
de l'hygiène moderne, avec dégagements, aération, éclairage, ves-
tiaire, installations hydrothérapiques, salle pour gymnastique mé-

____

(1) Revue des jeux scolaires et d'hygiène sociale n° 10 — 1910 « Ariège
et Brabant », par le Dr Eug. Soula (de Pamiers).

dicale et mécanothérapie simple; à côté, jardin organisé pour la gymnastique ainsi que pour jeux et sports de plein air.

Les élèves exécutent les exercices et manipulent elles-mêmes les appareils sous la direction de Mlle Loveday, ancienne élève du pensionnat, qui est allée à Stockholm se munir du diplôme délivré par l'Institut central royal de gymnastique.

Le plus souvent, la Directrice prend la leçon avec ses élèves: tenue correcte, ordre irréprochable, précision dans l'exécution facilitée d'ailleurs par la progression observée dans le choix des exercices, bonne humeur, gaîté, telle est la physionomie de la leçon.

Le contrôle scientifique des mensurations accuse chez toutes les élèves un accroissement progressif du développement thoracique et de l'ampliation pulmonaire, en même temps qu'une heureuse modification esthétique de la forme de la poitrine; en outre, le volume pulmonaire s'accroît d'une moyenne dépassant 40 centilitres par an. Le Dr Hanquet, médecin de l'Etablissement, constate l'absence presque complète des malades parmi les pensionnaires. Détail qui a sa valeur, la fonction menstruelle se régularise en général.

Cette constatation est à rapprocher de l'enquête faite par le Dr Albert Kaisin auprès d'une trentaine de jeunes filles gymnastes; à peu près unanimement elles ont reconnu l'heureuse influence qu'avait exercée sur elles, à ce sujet, la pratique journalière de la gymnastique suédoise. La manière dont s'accomplit la fonction menstruelle chez la femme constitue son baromètre de santé. A ceux qui voudront se documenter sur la question, je recommande de lire l'exposé qu'en a fait le Dr Stapfer, dans son nouveau manuel de Kinésithérapie gynécologique. Paris, Alcan 1912. Ils y verront combien il est important pour la femme d'être en état d'équilibre physiologique normal pour supporter, sans dommage, les effets, variables suivant son état de santé, des vagues utéro-ovariennes sous l'influence de l'évolution du corps jaune et du follicule; sur ce point, je crois devoir rappeler combien sont fréquentes, chez la femme, et souvent quel que soit son âge et sa situation (célibataire ou mariée) les perturbations de la circulation lymphatico-sanguine pelvienne; elles se traduisent fréquemment par des congestions hors d'époque, avec ou sans émissions sanguines. Il faut donc veiller, dans l'exécution de la gymnastique éducative à ce que les mouvements exécutés aient plutôt sur la circulation pelvienne un effet décongestionnant. Quelquefois même il y a lieu d'assurer la dérivation sanguine pour éviter les effets nuisibles d'hémorragies trop abondantes ou trop fréquentes.

Le mouvement décongestionnant par excellence et dérivatif de la pléthore abdominale, c'est le mouvement « d'abduction fémorale » qui, par la position fondamentale couchée sur le dos, jambes fléchies, pieds en appui, siège relevé, paroi abdominale détendue et respiration libre, dérive le sang non seulement vers les abducteurs fémoraux, mais encore vers les muscles postérieurs de la cuisse et les masses dorso-lombaires.

Dans cette position, le malade écarte les genoux et le médecin résiste, graduant sa résistance à la puissance du malade mise en jeu, avec le souci d'éviter l'effort et de conserver chez son sujet la liberté et la continuité de la respiration; pour assurer cette liberté et cette continuité respiratoire, j'ai l'habitude de faire compter par le malade, à haute voix, et dans le rythme, une ou plusieurs mesures à 6/8; détente et repos-respiration. Chaque mouvement complet dans ses deux parties, aller et retour, doit être séparé par un intervalle de repos dont la durée varie suivant les moyens d'action du sujet et toujours déterminé par le souci de lui éviter tout surmenage. La durée, la rapidité, l'intensité et la répétition du mouvement sont conditionnées par cette nécessité : éviter la fatigue.

Je signale cette pratique très peu ou même pas connue souvent, encore moins utilisée par ceux ou celles qui professent l'éducation physique féminine, parce qu'elle rend de très grands services quand on sait l'appliquer judicieusement. De moins en moins, on est appelé à l'utiliser à mesure que se fait sentir chez les jeunes filles l'influence bienfaisante d'une éducation physique bien menée.

Mlle Lefébure constate, en effet, que l'accroissement du bien-être physiologique se généralise parmi les élèves : non seulement, elles se fortifient physiquement, mais elles acquièrent plus de volonté, d'activité, de résistance à la fatigue, plus de calme et de présence d'esprit et même plus d'aptitudes intellectuelles.

Et voici, en confirmation des effets favorables de la gymnastique rationnelle sur la nutrition, la note que je relève dans la brochure de A. Georgii (1847) : « La gymnastique de Ling agit non seulement sur l'hygiène mais sur les facultés intellectuelles et morales. C'est un fait constaté en Suède. Dans toutes les écoles qui suivent les cours à l'Institut Central, on a remarqué du progrès sous le rapport de l'amour du travail; on peut en dire autant des régiments où ces exercices appartiennent à l'ordre du jour. L'introduction de ce système dans la maison des enfants trouvés (de 6 à 12 ans) a eu pour effet une diminution sensible dans la consommation des médicaments. Bientôt plusieurs salles affectées au traitement des maladies cutanées devinrent inutiles ». —

À Pau (France). — Une expérience intéresssante, la première du genre en France, dont les résultats heureux sont à rapprocher de ceux relevés à Vilvorde, se poursuit depuis 10 ans, en plein succès, à l'école Normale des Institutrices de Pau, que dirige Mme Dollé. Avec l'assentiment de l'administration, le D^r Ph. Tissié a pu y organiser et enseigner lui-même, sans subvention et à ses risques et périls, la théorie et la pratique de la gymnastique de Ling; et déjà en 1905, à Mons (Belgique), dans un rapport, « L'homme de demain » présenté au Congrès International d'expansion économique mondiale, il pouvait rendre compte des effets bienfaisants observés sur les jeunes filles de l'Ecole. Il faut lire tout entier le chapitre: « Santé, Beauté, Travail, Plaisir » de ce rapport. Ce chapitre est amplifié par le rapport, sur le même sujet, mais beaucoup plus détaillé, qu'adressait, en 1907, Mme Dollé à M. Martial, Inspecteur Général (1).

Effets sur la santé générale. — Ils sont reconnus par le Dr Monod, médecin de l'Etablissement qui constate que le nombre des élèves à sa consultation hebdomadaire diminue chaque année:

    1903. . . . . 36 élèves à la visite.
    1904. 24   —
    1905. 16   —
pour troubles périodiques.
    1903. 5   —
    1904. 3   —
    1905. 2   —
appétit général excellent, plus de restes sur les tables.

Effets sur l'attitude. — Les mauvaises attitudes se corrigent progressivement: les élèves de la 3e année ont une attitude somatiquement correcte, ferme, droite; volontairement le corset a été abandonné.

Effets intellectuels et moraux. — Le travail intellectuel en fin d'année, au moment des examens, par les journées chaudes de l'été, est bien plus facile qu'auparavant: il est manifeste que l'habitude prise, grâce à la gymnastique journalière, de lutter contre la loi du moindre effort a tonifié la volonté des jeunes filles, en même temps qu'elle a augmenté leur résistance; on ne

---

(1) *Gymnastique rationnelle*, par A. Dollé — *Annuaire de l'Enseignement primaire*, 1907.

demande plus à être dispensée de la leçon de gymnastique, pas plus qu'on n'évite les jeux.

L'ordre et la discipline se ressentent de cet état meilleur; il n'y a pas lieu de s'étonner outre mesure des résultats remarquables obtenus en éducation physique par le D^r Ph. Tissié à l'école normale des institutrices de Pau. Il a apporté dans l'élaboration du programme d'enseignement théorique et pratique et dans l'exécution des détails si variés, quoique simples, un souci de la documentation et de la vérité scientifique, du respect, de l'intérêt et de la sollicitude qui sont dûs à la jeunesse, espoir du pays, un enthousiasme et une sincérité d'action, joints à un dévouement sans faiblesse et soutenus par un désintéressement qu'on aurait peine à trouver ailleurs à un degré aussi élevé.

Ceux qui n'ont pas vu le Dr Tissié à l'œuvre pourront se faire une idée approximative de son enseignement par la lecture d'un des questionnaires (année 1906) posé en fin d'études pour l'obtention du certificat de gymnastique pédagogique:

a) Questions théoriques:

1º Dire la relation qui existe entre la fixation des omoplates et la fonction du diaphragme en vue du plus grand développement de la capacité respiratoire chez les enfants;

2º Citer les muscles fixateurs des omoplates;

3º Citer les principaux muscles inspirateurs et expirateurs, Exposer leur action physiologique antagoniste, d'après leurs points d'insertion anatomique.

b) questions pratiques:

1º Exécuter un mouvement en courbe raidie. Analysez ce mouvement au point de vue de sa forme pure et de ses effets respiratoires et digestifs;

2º Le siège de prédilection de la tuberculose est au sommet des poumons, faites exécuter les mouvements de gymnastique respiratoire en vue de la lutte antituberculeuse par l'aération plus profonde des poumons et par une oxygénation plus grande du sang.

a) aux sommets des poumons droit et gauche, et en avant.

b) à leur partie moyenne antérieure et supérieure.

c) à leurs parties latérales droite et gauche dans toute la région axillaire.

3º La neurasthénie a le plus souvent pour cause initiale une auto-intoxication d'origine gastro-intestinale, et l'appendicite la présence de corps étrangers dans l'appendice; faites exécuter des mouvements de gymnastique digestive en vue de combattre l'atonie gastro-intestinale et s'adressant tout particulièrement:

a) au foie et à l'estomac,

b) au côlon ascendant (cæcum et appendice), au côlon descendant, au côlon transverse et à l'S iliaque;

4º Certaines matières de cours, telles que les mathématiques, par exemple, tendent fortement l'attention des élèves et provoquent la fatigue cérébrale avec impuissance d'assimilation intellectuelle.

Faites exécuter des mouvements de gymnastique respiratoire ayant pour effet de décongestionner le cerveau et de le reposer en vue d'une meilleure assimilation intellectuelle, et cela au cours même de la leçon donnée dans la classe et sans dérangement pour les études.

La musique, la danse et le chant font partie intégrante de l'éducation physique à l'école normale des institutrices de Pau; le Dr Ph. Tissié, et ceci est un des côtés originaux de son œuvre personnelle, y a organisé des exercices de « gymnastique orchestrique » dans laquelle les mouvements sont rythmés par la voix des coryphées chantant des motifs adaptés par le mouvement musical au mouvement physique.

La commission d'examen a constaté que les élèves de l'Ecole Normale avaient répondu avec beaucoup de savoir, exécuté les exercices avec beaucoup de précision, de correction et donné, de façon parfaite, la leçon de gymnastique éducative aux jeunes filles d'une école primaire annexée à leur école normale. Ce questionnaire difficile embarrasserait, à l'heure actuelle, bien des étudiants en médecine.

La totalité des épreuves de sortie comprend en outre un questionnaire sur l'enseignement ménager et la puériculture.

Le questionnaire que j'ai présenté est intéressant en ce qu'il dénote le souci de l'éducateur de bien faire comprendre que le mouvement éducatif, pour être justifié, doit viser avant tout à être utile aux grandes fonctions: digestion, respiration, etc.

Nous devrons au Dr Tissié de nous avoir fait comprendre l'Education physique, selon l'idée de Ling, dans sa base scientifique, ses principes mécaniques, physiologiques, pédagogiques et sociaux; de nous avoir hardiment montré envers et contre les ignorants, les gens de parti ou de mauvaise foi:

a) l'erreur éclectique due à l'ignorance du rôle joué par le déplacement du centre de gravité du corps et la non-fixation de la colonne vertébrale;

b) l'erreur graphique née d'une interprétation erronée de l'idée de Marey;

c) l'erreur optique, dont les victimes ont méconnu la puissance organique, les lignes esthétiques, la valeur sociale du type scapulo-vertébral et sacro-abdominal qui constitue le canon de la beauté et de la force grecque et suédoise.

d) l'erreur olympique qui, dans ses manifestations actuelles est le produit morbide d'une émotivité et d'une impulsion maladives.

e) l'erreur émotive due à l'égoïsme, et à l'infériorité de ceux qui traitent les foules comme un moyen de vanité ou de profit, bien plus qu'en vue d'une fin altruiste humanitaire.

Je rappelle les conclusions qu'a données de sa communication à ce Congrès le Dr Ph. Tissié; elles résument l'ensemble des travaux de 32 congrès d'éducation physique, tenus en France et à l'étranger, de 1880 à 1912: c'est à Ling qu'il faut revenir.

Souhaitons, pour la France au moins, qu'en ce qui concerne l'éducation physique de la Femme, les Pouvoirs publics se décident enfin à généraliser ce qu'a fait Tissié dans le département des Basses-Pyrénées.

Si le souci de nos hommes d'Etat, à l'existence si éphémère, mais qui cependant « règlent la police de l'Education » avait été à la hauteur de leurs devoirs envers le pays dont ils dirigent temporairement les destinées, nul doute que devant ce mouvement de dégénérescence qui nous mène à l'abîme en course vertigineuse, une intelligence, un cœur et une volonté ne se fussent rencontrés pour réaliser la grande réforme de l'Education physique de la Femme, point initial du mouvement de régénération sociale auquel je consacre pour ma part, depuis 10 ans, mes efforts, sur la Riviera.

Je rappelle mes derniers vœux, pour ne parler que des plus récents (1) concernant cette réforme à réaliser par la création d'une école supérieure d'Education physique de la Femme, en prenant comme base et exemple à amplifier sur place ce qui se fait à l'école normale d'institutrices de Pau. Nous avons l'homme nécessaire et suffisant. Qu'attend-on pour lui confier la direction d'un enseignement officiel sur une question qu'il connaît et pratique en maître? Sans frais appréciables, comme l'a montré Mme Dollé dans son rapport, l'enseignement de la gymnastique rationnelle de la femme peut être assuré en très peu d'années dans les écoles primaires et secondaires en France, par des maîtresses de gymnastique sorties de l'école normale des institutrices de Pau.

Le code des mouvements établi par le Dr Tissié peut être

____

(1) Congrès National de l'Union des Sociétés de préparation militaire de France (Nice), 1912. Congrès d'Éducation physique d'Amiens, 1912. — Congrès d'Éducation morale de La Haye.

appliqué partout, dans l'école ou dans la cour, en utilisant le matériel scolaire, le sol, un mur, à la rigueur sans appareils, les leviers du corps étant les meilleurs agrès. On pourra s'en rendre compte en lisant le *Précis de gymnastique rationnelle de plein-pied et à mains libres*, 3e édition, où Tissié expose, dans le détail, le pourquoi, le comment et la pratique du mouvement éducatif.

Les institutrices sorties de Pau se sont montrées à la hauteur de toutes les nécessités partout où elles ont eu les moyens d'enseigner. Car, souvent, il faut le dire, elles se heurtent à des difficultés nées d'une opposition systématique à l'enseignement de la gymnastique. La pensée française est encore bien loin d'être acquise tout entière, pas plus dans l'Université qu'au foyer, à la nécessité du mouvement éducatif. Les décisions et les circulaires ont décrété la gymnastique, mais l'exercice est illusoire, nul ou sans valeur.

En ce qui concerne l'enseignement féminin, où en sommes-nous ? « A peu près à zéro » répond le Dr Soula, maire de Pamiers, dans la séance du Conseil Général du 18 août 1909, au cours de laquelle il demande que tous les instituteurs passent à Joinville et que l'école normale d'institutrices de Pau devienne un centre d'enseignement où seraient formées des maîtresses de gymnastique pour les écoles normales et pour les établissements féminins d'enseignement secondaire.

Et poursuivant son idée jusqu'au bout, le docteur Soula faisait décider par le Conseil municipal de Pamiers la création d'un poste de gymnastique et d'enseignement ménager au cours secondaire de jeunes filles de la ville. A ce poste, se sont succédées déjà deux maîtresses sorties de Pau. Celle qui l'occupe actuellement, Mlle Jougla, également sortie de Pau, accomplit sa mission avec un entrain, une intelligence et un dévouement bien faits pour enthousiasmer le visiteur. Pas d'installation, pas d'agrès; un préau couvert, une cour, le banc suédois seulement; mais la méthode et la maîtresse se suffisent à elles-mêmes actuellement, comme cela s'est déjà produit avec les autres maîtresses antérieurement passées à l'école et qui venaient de Pau également. Il est intéressant de lire dans le rapport de la directrice, Mlle Caron, sympathique à l'idée de l'éducation physique, l'évolution, dans son école, sous son initiative soutenue par le docteur Soula, de la pratique du Ling. Cette évolution s'est faite en diverses phases très rapprochées suivies d'ailleurs de progrès rapides.

Lors de l'arrivée de Mlle Caron, les leçons de gymnastique étaient données à jours éloignés, par une maîtresse — surveillante nullement qualifiée pour cette fonction à laquelle aucun enseignement ne l'avait préparée: peu de résultats; un avantage, celui de délasser les élèves au milieu des heures de classe. — Mlle Caron donne à la maîtresse le petit livre de Kumlein, *La Gymnastique pour Tous*, pour qu'elle s'en inspire. — Fin décembre 1908, conférences à Pamiers du docteur Ph. Tissié sur la méthode de Ling : ce fut la marche vers l'initiation. En juillet 1909, le bureau d'administration des cours secondaires de jeunes filles vote, sur l'initiative du docteur Soula, pour l'organisation de l'éducation physique des filles à Pamiers, sous la direction d'une maîtresse diplômée de l'Ecole normale des Institutrices de Pau. En octobre 1909, entrée en fonction de cette maîtresse de gymnastique.

EXÉCUTION DU PROGRAMME

Leçons journalières d'une durée d'une demi-heure environ à des groupes de 12 à 20 élèves au maximum dont les moins âgés ont quatre ans. La leçon se donne aux jeunes filles internes et externes sous le préau ou dans la cour; elle varie avec l'âge et les progrès des élèves, mais est ordonnancée suivant la leçon-type de Ling en utilisant les exercices de plain-pied, faute d'appareils.

Il y a un banc suédois qu'on utilise pour les exercices abdominaux, dorsaux et l'équilibre; — Les petites reçoivent des séances courtes de déchiffrage de mouvements et de respiration méthodique.

Les élèves internes, au saut du lit, dans le dortoir largement aéré font des exercices de respiration, tension et détente. Chaque jour, promenade de une heure à l'extérieur.

CONTROLE, RÉSULTATS.

Chaque élève a une *fiche* constituant son « bulletin d'éducation physique» (1) qui permet de contrôler les résultats, de constater les effets somatiques et physiologiques de l'enseignement. Grâce à la générosité éclairée du Conseil municipal, l'école possède 1º un spiromètre à soufflet; 2º un compas d'épaisseur (Broca); 3º un cyrtomètre de Voillez; 4º un dynamomètre.

____

(1) Ce bulletin établi pour les quatre trimestres de l'année comprend : 1° le nom; 2° l'âge; 3° la taille; 4° la longueur des membres inférieurs; 5° le poids; 6° le tour du cou; pour le thorax dans l'inspiration et l'expiration; 7° le périmètre thoracique; 8° l'axe antero-postérieur pris : a) à la partie supérieure, à la clavicule; b) à la partie moyenne; c) de la base de l'apophyse xyphoïde ; 9° l'axe transverse; 10° la capacité respiratoire; 11° la dynamométrie des mains droite et gauche.

CONSTATATIONS

Les attitudes vicieuses sont beaucoup moins accentuées, et moins d'élèves en sont atteintes. Les respirations sont meilleures en même temps que la tenue générale est plus correcte: ces deux faits sont toujours connexes; les facilités d'un meilleur équilibre indiquent une augmentation de la force et une amélioration de la souplesse; les dimensions se sont élevées au-dessus de la moyenne.

La santé générale s'est remarquablement ressentie de l'enseignement nouveau. Maîtres, parents, élèves l'ont constaté. Ces dernières apprécient la régularisation qui s'est produite, pour la plupart d'entre elles, dans la fonction périodique. Chez quelques-unes, des mouvements spéciaux rendus nécessaires en raison d'une déviation de la colonne vertébrale ont donné de brillants résultats, ce qui n'a pas peu contribué à éveiller chez les familles ignorantes ou sceptiques l'intérêt pour l'enseignement physique ignoré.

CONSÉQUENCES

Telles sont les constatations faites à Pamiers concernant l'innovation heureuse de la gymnastique rationnelle appliquée aux jeunes filles des cours secondaires. Encouragé par ces résultats, le Conseil municipal de cette ville, sur la proposition du docteur Soula, a décidé la création d'un collège de jeunes filles dont plans, devis, cahier des charges sont approuvés et dont l'inauguration aura lieu en octobre 1913 ou 1914.

Vaste, aéré, agrémenté d'un grand jardin, il sera, à tous points de vue, un des établissements modèles de France. Une construction nouvelle est spécialement attribuée à l'éducation physique; elle donne de plain-pied sur le jardin du parc. La salle de gymnastique (Ling) aura 21 mètres de long sur 72 de large et $8^m,50$ de hauteur; elle aura, comme annexe, une salle de bains-douches avec baignoires, une piscine de 5 mètres de long sur 4 mètres de large, des vestiaires, des lavabos à eau chaude et à eau froide; le chauffage se fera par radiateurs, éclairage électrique, etc., et, détail à noter, chaque élève aura sa table-bureau susceptible d'être disposée à sa taille, respectant ainsi le principe de la position fondamentale optima par disposition convenable des points d'appui. — On pourra y apprendre l'écriture droite nécessaire à l'harmonie du développement du tronc.

Après cet établissement modèle de filles on s'occupera des garçons.

La petite ville de Pamiers fait son devoir. Mais nous ne connaissons qu'elle en France qui actuellement ait un plan d'organisation semblable de l'éducation physique dont la réalisation lui fait honneur.

Tels sont les faits vécus : ils restent définitivement acquis aux débats et favorables à l'opinion de ceux qui maintiennent la haute valeur du Ling et son utile application à l'éducation physique de la femme.

Au demeurant, elle est par elle seule suffisamment démonstrative, l'expérience que poursuit depuis plus de 20 ans, aidé par des collaborateurs dévoués, le docteur Tissié dans le sud-ouest de la France sur la jeunesse des deux sexes, au foyer, à l'école, à la caserne.

La Ligue girondine de l'éducation physique, aujourd'hui Ligue Française de l'éducation physique a des états de service qui provoquent les réflexions de tout esprit impartial. A feuilleter sa revue des jeux scolaires et d'hygiène sociale, on sent à tout instant les bienfaits de ce merveilleux mouvement éducatif que Tissié, malgré tous les déboires, sut soutenir et diffuser de sa foi d'apôtre.

La lumière semble maintenant devoir dissiper les louches intrigues, les basses combinaisons des politiciens et des arrivistes. Et il est grand temps, car le gâchis augmente sans cesse.

A cela plusieurs raisons :

1° Nous discutons toujours sur le choix de la méthode, et en ce qui concerne l'éducation physique de la femme, les éclectiques, acrobates, naturistes, culturistes-gymnastes qui veulent faire œuvre personnelle, patriotique, etc., n'ont jamais songé à la femme qui, d'ailleurs, s'éloigne de leurs « tours de force ». Ils parlent de créer « le pur sang », « l'athlète masculin ». Mais que pourra ce dernier s'il est seul pour la régénération de la race ? Et alors ?

2° Si nous sommes dans le désordre, la confusion et l'anarchie pour le choix et l'application d'une méthode de gymnastique en éducation physique féminine, nous ne sommes pas plus favorisés en ce qui concerne les maîtresses de gymnastique. Le Colonel Coste nous a dit, sur ce point, ce qu'il pensait de celles qu'il avait été appelé à examiner pour l'obtention du certificat de gymnastique en vue de l'enseignement dans les écoles de filles de la ville de Paris. Qui voudra avoir un aperçu véridique de ce qui se passe dans ces écoles lira avec intérêt l'article « Parisienne » de Mlle Chauveau, institutrice, à Paris, dans la Revue des jeux scolaires et d'hygiène sociale (janvier, février, mars 1910) ; les résistances à vaincre, les obstacles à franchir, les préjugés à détruire, les inerties à secouer sont au delà de toute compréhension.

— Qu'il me soit permis en passant de rendre hommage au courage de Mlle Chauveau, qui, dans un milieu hostile, a osé prendre des initiatives louables: on sait qu'elle dirige un groupement gymnastique féminin, le premier du genre à Paris:

3° Ni matériel, ni local, ni programme défini;

4° Dans l'Université où se rencontre d'ailleurs à chaque instant la lutte entre les représentants si nombreux de la vieille scholastique et l'esprit d'action des jeunes générations d'une part, dans la plupart des municipalités, dans la masse, auprès de toutes les classes de la société, d'autre part, l'ignorance et le préjugé n'ont créé le plus souvent qu'indifférence, hostilité ou inertie.

Notre enquête sur ce point est venue confirmer les résultats d'enquêtes antérieures sur le même sujet. Actuellement se sont coalisés contre la vérité scientifique tous ceux qui, par ignorance, intérêt mercantile, vanité, faux patriotisme, sont capables d'amener la France au pire désastre, celui de n'avoir plus la force d'exister;

5° Les médecins plus portés à l'acte thérapeutique productif, n'ayant pour la plupart reçu aucune éducation physique, ignorants le plus souvent de la valeur du mouvement en hygiène, thérapeutique, éducation physique, délaissent, dénigrent ou appliquent mal ce merveilleux instrument de travail et de cure; ils ont, à tort, laissé l'empirique s'en emparer et celui-ci pousse l'audace jusqu'au crime dans ses manipulations désordonnées et incohérentes: La Société de Kinésithérapie a protesté depuis longtemps contre ces erreurs;

6° La femme reste le plus souvent éloignée de l'éducation physique. Hors de rares exceptions, elle ignore complètement ce qu'est la difficile et complète science de l'éducation de l'enfant; d'où l'infériorité physique, intellectuelle et morale de la majorité des deux sexes dans la « culture humaine » (*Mosso*);

7° Les hommes au pouvoir ne sachant pas le plus souvent se dégager de la domination des grands électeurs, n'osent pas agir en vue du bien général.

Et toutes ces raisons, avec bien d'autres encore, suffisent à reculer l'heure de « la grande réforme qui s'impose et au succès de laquelle resteront attachés, unis pour la même cause, les noms du docteur Tissié (de Pau) et du colonel Coste qui, à des titres différents, ont tous deux bien mérité de la France », (général docteur Canonge).

N'est-ce pas une légitime satisfaction pour nous tous d'ailleurs qui nous sommes engagés dans la lutte, en dehors de toute idée préconçue, contre nos intérêts même parfois, d'avoir vu la science officielle se rallier enfin à l'idée de Ling? M. le professeur-docteur Gilbert, de la Faculté de médecine de Paris président de la section de la Seine de la Ligue Française de l'Education physique est avec nous maintenant sur les rangs pour affirmer la vérité en éducation physique: grâces lui en soient rendues! Les éminents esprits dont il a obtenu la précieuse collaboration sauront faire progresser la science de l'éducation physique et y intéresser la femme sans laquelle désormais rien ne peut être fait de durable et d'utile pour l'humanité.

Ils l'ont très bien compris ceux qui, en Belgique et à Stockholm, ont donné dans leurs instituts supérieurs d'éducation physique une place aussi importante à l'enseignement physique féminin qu'à l'enseignement physique masculin.

Je signale au gouvernement français, espérant qu'il puisera dans cette lecture le courage des initiatives nécessaires pour faire son devoir et donner satisfaction à l'opinion en prenant toutes les responsabilités que comporte la situation précaire dans laquelle nous nous trouvons en éducation physique, l'article de *La Revue des Jeux scolaires et d'Hygiène sociale* — juillet, août, septembre 1912, traduit du suédois par Mlle Ketty Jentzer (de Genève) ayant pour titre:

Suède. — Académie de Gymnastique. — Un nouveau palais de gymnastique près du stade. — Coût: environ 3.990.000 fr.

Cette académie qui va remplacer « le vieux temple » où Ling put, grâce à la volonté et à la générosité de Bernadotte, abriter ses essais dans un tout petit immeuble, agrandi depuis, sera placée à Djurgarden. Elle comprendra au centre une plaine de jeux, puis l'immeuble hygiéniquement construit et aménagé, six salles de gymnastique avec vestiaires, douches, piscines de natation, quatre salles de conférences, bibliothèques, etc.

Cette rénovation matérielle a été pour la Commission royale l'occasion d'affirmer qu'il est de la plus haute nécessité pour un peuple qu'il soit pénétré de l'imporatnce qu'il y a à appliquer l'éducation physique parallèlement à l'éducation intellectuelle.

Elle a en outre déclaré que maîtres et maîtresses de gymnastique doivent posséder une instruction plus étendue que cela n'a été le cas jusqu'à maintenant, et elle a ordonnancé son examen d'entrée (baccalauréat de biologie, etc), son programme d'études et son examen de sortie en conséquence; — et qu'en conséquence, il y a lieu de les mettre sur le même pied d'égalité, à tous points de vue, que ceux et celles des professeurs des diverses branches enseignées dans les écoles.

Deux ans de séjour à l'Académie; — mais au total quatre ans, eu égard aux études spéciales à faire en vue de l'admission, sans préjudice de l'instruction générale à acquérir. Toute l'hygiène figure au programme d'études. Les écoles populaires supérieures des campagnes recevront des maîtres spéciaux de gymnastique. Les instituteurs et les institutrices dressés et éduqués dans les écoles normales suivront des cours de répétition pour les maintenir en forme.

Une inspection compétente spéciale fonctionnera activement pour maintenir l'organisation nouvelle dans la bonne voie et la rendre efficace.

La gymnastique médicale s'enseignera dans une école de gymnastique mais distincte d'elle.

Trois femmes assistantes supérieures et trois femmes assistantes ordinaires, font partie du cadre enseignant de l'Académie.

Formation des Maitresses de Gymnastique.

La Commission a suivi les mêmes principes que pour la formation des maîtres; les conditions d'entrée, le temps d'études sont les mêmes et la situation à tous points de vue sera égale à la situation des autres professeurs des autres branches de l'enseignement général.

Tel est, dans ses grandes lignes, le projet que le gouvernement suédois va mettre à exécution pour faire bénéficier son peuple des avantages d'une éducation physique perfectionnée mais toujours basée sur la méthode de Ling.

Puissions-nous l'imiter ! !

Puissent les nations qui ne veulent pas déchoir et périr, tourner leurs yeux vers cette Suède d'où je suis revenu autrefois, imprégné de la grande idée de Ling et convaincu de sa puissance de rénovation.

Mais, je le répète en terminant : sans la sobriété dans le sens que nous avons indiqué, sans aliment pur, sans air pur, pour ne parler que de ces deux dominantes de l'hygiène, impossible de bénéficier du Ling; et c'est ici où peut utilement intervenir la femme en tout temps, en tous lieux, quelle que soit sa position sociale.

« ... En nos temps d'émancipation féminine, alors que tant de voix s'élèvent pour réclamer l'égalité des sexes, que la femme ne se laisse pas leurrer ! Etre égale à l'homme ! ! !.... Mais il ne tient qu'à elle de l'être et même de surpasser parfois en grandeur ses mérites et ses fonctions. La lutte pour le bien se partage équitablement entre les deux facteurs de l'humanité; le grand point pour chacun est de savoir, en restant dans sa sphère, élargir le champ de son action proportionnellement à celui de son partenaire. Alors, et ce jour-là, seulement, le psychologue attentif dira que la femme s'est libérée totalement et qu'elle a droit non seulement au respect et à l'amour de l'homme, mais aussi au bonheur de la race devenu son œuvre comme à lui.» (1).

Pour cette haute destinée, il faut que la femme retrouve par l'éducation physique, la santé fortement compromise, qu'elle reprenne la stabilité dans l'équilibre, de la beauté dans les lignes de son corps, du charme par la grandeur de sa pensée.

CONCLUSIONS

PREMIÈRE PARTIE.

L'éducation physique de la femme s'impose pour la bonne santé générale des nations au même titre que l'éducation physique de l'homme.

La culture physique de la femme est le chapitre premier et essentiel de toute régénération.

Mais il y a une *question préalable*:

Contrairement à l'opinion généralement admise que l'éducation physique doit commencer dès la naissance, nous affirmons que les générateurs doivent eux-mêmes avoir reçu cette éducation physique et en avoir retiré les avantages maxima, de manière à se trouver, au moment de la procréation, dans les conditions nécessaires et suffisantes d'équilibre, de stabilité et d'harmonie pour obtenir un enfant viable et sain. C'est la condition essentielle et primordiale du succès de toute éducation physique.

La procréation ne peut être le fait d'une surprise désagréable ou d'une sensualité maladive ou d'une sentimentalité irréfléchie: elle doit être, pour chaque générateur, consciente et opportune, et réglée en tenant compte des contingences individuelles d'hérédité, de santé, d'âge, d'économie domestique, de milieu cosmique et social, etc., etc.

En déduction: il y a donc lieu de créer, comme l'a déjà proposé Mme Lydie Martial (de Paris) *l'enseignement de la paternité* pour les hommes et j'ajoute: *l'enseignement de la maternité et de la puériculture* pour la femme. Les deux sexes doivent recevoir un enseignement opportun et circonstancié *d'initiation sexuelle* de façon à les mettre à l'abri des conséquences le plus souvent désastreuses des erreurs et des déréglements génésiques: la femme souffre plus que l'homme de cette ignorance. Cet enseignement doit commencer au foyer et se continuer à l'école.

Le service militaire des hommes doit être l'occasion de leur

______

(1) *La Femme devant la lutte*, par Reine-Courmont dans *Revue des Jeux scolaires et d'Hygiène sociale*. Janvier, février, mars 1910.

renouveler les conseils utiles sur la nécessité et les moyens de se préserver contre les maladies vénériennes, d'une part, comme aussi d'appeler leur attention sur le devoir de ne pas transmettre ces maladies quand ils en sont atteints.

Il y a lieu de sortir de la conception étroite de l'éducation physique réduite par la plupart des promoteurs du mouvement éducatif à la gymnastique, aux jeux et aux sports.

L'éducation physique doit être « intégrale », c'est-à-dire comprendre tous moyens judicieusement choisis, opportunément coordonnés, capables de favoriser le développement du corps suivant la normale, de le maintenir dans cette normale et de l'y ramener quand il en a été éloigné.

Les agents physiques naturels sont les indispensables auxiliaires du mouvement éducatif : l'air pur, la lumière solaire sont favorables et nécessaires à la réparation complète de la fatigue. La gymnastique devrait être faite corps nu, à l'air libre; cet entraînement bien conduit peut être généralisé.

L'eau est un adjuvant précieux : l'erreur de l'eau froide exclusive préconisée par les naturistes a fait et fait encore beaucoup de victimes. La bipolarité en hydrothérapie donne les meilleurs résultats : l'eau chaude, en activant toute la circulation, facilite la solubilisation, la mobilisation et l'élimination des déchets chez les arthritiques.

Les villes en insuffisance d'air pur, de lumière, d'espaces libres et d'arbres sont de détestables milieux pour l'éducation physique.

Il y a lieu de créer : « Le quartier scolaire » réunissant toutes les conditions d'assainissement, de salubrité, d'installation, d'organisation et de fonctionnement hygiénique en vue de la meilleure culture de la plante humaine, dans le meilleur milieu cosmique.

Le rôle de Directeur de l'Education physique incombe au médecin dont la science, l'expérience et la pratique doivent lui permettre d'accomplir efficacement sa mission d' « Ingénieur biologiste »; il doit être doublé d'un clinicien, d'un thérapeute compétent, en même temps que d'un psychologue avisé.

Deuxième Partie

La méthode de Ling nous paraît être la plus conforme à la nature et aux besoins physiologiques et sociaux de la femme, qu'il s'agisse d'employer le mouvement au titre pédagogique, hygiénique, thérapeutique (Kinésithérapie gynécologique, etc.)

Cette méthode répond, dans sa théorie comme dans sa pratique, aux principes, expression de la réalité des faits contrôlés, qu'a posés le Dr Professeur Maurel (de Toulouse, France) sous le nom générique de « Viriculture ».

L'un de ces principes justifie l'action de l'éducateur : « l'organisme est en voie incessante d'adaptation. »

Chaque sujet représentant une équation biologique à termes personnels et variables, il est logique de faire une application individuelle du mouvement choisi et adapté à l'état et aux besoins de chaque sujet. Cette nécessité devient de plus en plus fréquente, l'hérédité morbide éloignant de plus en plus les sujets des normalités moyennes.

En déduction : il est nécessaire en gymnastique pédagogique collective de sérier les sujets suivant les similitudes de statique, dynamique, psychisme qui les rapprochent, afin d'appliquer à chaque série constituée le mode éducatif physique qui lui convient, réserves faites des instants à accorder à chaque sujet pour l'application spéciale de telles manœuvres, tel procédé nécessaire à telles réparations organiques, à tels redressements physiologiques.

Conséquences : l'examen médical complet s'impose au début et doit être renouvelé fréquemment ; les résultats en sont notés sur la fiche sanitaire individuelle. Ils permettent de faire, en toute connaissance de cause, les mutations des sujets dans les diverses séries suivant les nécessités contingentes.

Avant d'être versés aux exercices généraux, les sujets doivent posséder un minimum d'instruction théorique, avoir la facilité de la position fondamentale debout correcte, savoir respirer avec méthode et dans le rythme favorable à la meilleure circulation cardio-pulmonaire. Il est nécessaire de développer, par des exercices appropriés, la tonicité de la synergie musculaire extensive par un travail localisé surtout aux muscles extenseurs cervico-dorso-lombaires.

La respiration reste le pivot autour duquel gravite toute application biologique du mouvement. Le thorax ne supporte pendant cet exercice ni entrave, ni gêne par ceinture ou corset. La condition essentielle de la facilité de l'exécution du mouvement est que toutes les parties composantes du thorax (articulations, tendons, muscles, ligaments, etc.) soient dans la souplesse nécessaire et dans l'activité nutritive cellulaire normale.

Les « soudés arthritiques » que j'ai depuis longtemps signalés s'éloignent plus ou moins des conditions favorables à l'exécution facile de la respiration. On les retrouve à tout âge (trois ans). On ignore trop souvent la valeur mécano-physiologique du point d'appui, de la position fondamentale, du mouvement calculé en intensité, durée, rythme, répétition, combinaisons. Cette notion est indispensable à l'application utile, au choix et au dosage du mouvement éducatif, pour éviter la fatigue redoutable dans ses conséquences.

Les éducateurs physiques n'ont pas assez tenu compte de cette autre fatigue si commune aujourd'hui, la fatigue alimentaire, dont les conséquences peuvent faire échec à la meilleure méthode éducative physique la mieux ordonnancée, la mieux appliquée.

L'aliment de choix est celui qui répond à cette nécessité : obtenir le maximum de rendement avec le minimum de dépense et d'usure.

Les expériences de Irving-Fischer (Etats-Unis) et celle de Mlle le Dr Yoteyko (Bruxelles), ont établi que la résistance était plus grande avec une alimentation non carnée.

Le fruit (céréales, etc.), reste l'aliment de choix.

Le légume frais avec son eau biologique de constitution facilite les mutations de la matière alimentaire et ses transformations pour libérer la meilleure énergie, donnant le potentiel nerveux en plus grande quantité et de meilleure qualité.

TROISIÈME PARTIE

La femme ignore le problème de l'éducation physique intégrale : elle n'en connaît ni la valeur, ni la portée, ni la pratique ; tout est à lui apprendre ou à refaire ;

Réforme alimentaire ;

Réforme du vêtement (chaussures et coiffure comprises) ;

Réforme dans l'Hygiène de l'habitation, du travail, etc.

La gymnastique rationnelle, les jeux et les sports forment pour elle comme pour l'homme la base de l'éducation physique qui vise à rendre le sujet maître conscient de la dépense neuro-musculaire pour ne pas porter atteinte à l'intégrité statique et dynamique de l'organisme.

La Musique, le Chant et la Danse sont les compléments nécessaires de l'éducation physique ; ils visent à normaliser le rythme, de telle sorte que le geste ne soit que l'expression voulue de la pensée.

La gymnastique rythmique (méthode Jacques Dalcroze) est un excellent moyen joint au solfège et à l'improvisation d'obtenir le rythme normal recherché. Mais c'est une erreur en éducation physique de débuter par la gymnastique rythmique. On a dit à tort que la gymnastique rationnelle était une entrave ou même un empêchement à acquérir les avantages de la gymnastique rythmique. La gymnastique rationnelle reste le procédé initial et la base de toute éducation physique, comme le solfège précède la composition et l'exécution musicales.

Les expériences poursuivies depuis vingt ans passés par le
Dr Ph. Tissié (de Pau) avec la Ligue Girondine de l'éducation physique (Sud-Ouest de la France), depuis dix ans à l'école normale
des Institutrices de Pau, les résultats obtenus sur les jeunes
filles du collège de Dumferline (Écosse), (fondation Andrew Carnegie) préparées en vue de l'enseignement de l'éducation physique. — en Belgique, au pensionnat « les Peupliers » que dirige à
Vilvorde Mlle Lefébure, etc., etc., ont démontré le bien fondé du
choix de la méthode de Ling pour l'éducation physique de la
femme. Cette méthode nécessite des maîtresses dont l'éducation,
l'instruction générale, la compétence technique et la santé soient
au-dessus de toute critique.

La Belgique a créé un enseignement supérieur de l'Education physique qui peut servir d'exemple et de modèle. La
ville de Pamiers (France) va créer un collège de jeunes filles où
l'éducation physique sera donnée suivant un programme et dans
des locaux modèles.

La Suède, pour remplacer le « vieux temple » de Ling devenu
insuffisant, va créer à Stockholm une Académie de gymnastique
dont le coût — 3.999.000 francs — indique l'importance donnée à l'éducation physique dans ce pays.

En attendant que la France suive cet exemple réconfortant
et salutaire, je demande que le Gouvernement français qui jusqu'-
ici, à mon avis, n'a pas donné à l'éducation physique de la
femme l'importance qu'elle comporte, fasse de l'Ecole Normale
d'institutrices de Pau (France) un centre d'enseignement pour
maîtresses d'éducation physique. C'est au foyer et à l'école qu'il
importe d'installer solidement l'idée et la pratique du mouvement
éducatif; par lui, on disciplinera le cerveau qui réglementera
l'action musculaire; par lui, on renforcera l'action utile dans le
domaine physique, intellectuel et moral.

La femme m'apparaît comme seule capable de remplir cet acte
de sauvetage nécessaire au progrès de l'humanité civilisée.

104

www.ingramcontent.com/pod-product-compliance
Ingram Content Group UK Ltd.
Pitfield, Milton Keynes, MK11 3LW, UK
UKHW021315190726
13839UKWH00007B/1867